BEI GRIN MACHT SICH IHR WISSEN BEZAHLT

- Wir veröffentlichen Ihre Hausarbeit,
  Bachelor- und Masterarbeit

- Ihr eigenes eBook und Buch -
  weltweit in allen wichtigen Shops

- Verdienen Sie an jedem Verkauf

Jetzt bei www.GRIN.com hochladen und kostenlos publizieren

Bibliografische Information der Deutschen Nationalbibliothek:

Die Deutsche Bibliothek verzeichnet diese Publikation in der Deutschen National-
bibliografie; detaillierte bibliografische Daten sind im Internet über http://dnb.d-
nb.de/ abrufbar.

Dieses Werk sowie alle darin enthaltenen einzelnen Beiträge und Abbildungen
sind urheberrechtlich geschützt. Jede Verwertung, die nicht ausdrücklich vom
Urheberrechtsschutz zugelassen ist, bedarf der vorherigen Zustimmung des Verla-
ges. Das gilt insbesondere für Vervielfältigungen, Bearbeitungen, Übersetzungen,
Mikroverfilmungen, Auswertungen durch Datenbanken und für die Einspeicherung
und Verarbeitung in elektronische Systeme. Alle Rechte, auch die des auszugsweisen
Nachdrucks, der fotomechanischen Wiedergabe (einschließlich Mikrokopie) sowie
der Auswertung durch Datenbanken oder ähnliche Einrichtungen, vorbehalten.

Impressum:

Copyright © 2018 GRIN Verlag
Druck und Bindung: Books on Demand GmbH, Norderstedt Germany
ISBN: 9783668660144

Dieses Buch bei GRIN:

https://www.grin.com/document/415817

Marco Kremer

Eignungspotenzial von Standard-Protokollen der Maschinen-Kommunikation für die "Internet-der-Dinge- und Cloud-Anbindung"

Eine Betrachtung von Protokollen der Netzwerkschicht

GRIN Verlag

GRIN - Your knowledge has value

Der GRIN Verlag publiziert seit 1998 wissenschaftliche Arbeiten von Studenten, Hochschullehrern und anderen Akademikern als eBook und gedrucktes Buch. Die Verlagswebsite www.grin.com ist die ideale Plattform zur Veröffentlichung von Hausarbeiten, Abschlussarbeiten, wissenschaftlichen Aufsätzen, Dissertationen und Fachbüchern.

Besuchen Sie uns im Internet:

http://www.grin.com/

http://www.facebook.com/grincom

http://www.twitter.com/grin_com

FOM HOCHSCHULE FÜR OEKONOMIE UND MANAGEMENT ESSEN
STUDIENZENTRUM BERLIN

Berufsbegleitender Studiengang IT-Management (M.Sc.)
1. Semester
Seminararbeit im Modul IT-Architektur und Sicherheitsmanagement

Eignungspotenzial von Standard-Protokollen der Maschinen-Kommunikation für die Internet-der-Dinge- und Cloud-Anbindung

– Eine Betrachtung von Protokollen der Netzwerkschicht

Inhalt

Abbildungsverzeichnis

Tabellenverzeichnis

Abkürzungsverzeichnis

Abkürzung	Erläuterung
6loWPAN	IPv6 Low-Power Wireless Personal Area Network
CPS	cyber-physikalisches System
6TiSCH	IPv6 over the Time Slotted Channel Hopping mode of IEEE 802.15.4e
CoRPL	cognitive RPL
CPPS	cyber-physikalisches Produktionssystem
ETSI	Europäisches Institut für Telekommunikationsstandards
IaaS	Infrastructure as a Service
ICMP	Internet Control Message Protocol
IdD	Internet der Dinge
IETF	Internet Engineering Task Force
IGMP	Internet Group Management Protocol
IPsec	Internet Protocol Security
IPv4 / IPv6	Internet Protocol Version 4 / 6
LLNs	Low Power Lossy Networks
M2M	Maschine to Maschine
MLD	Multicast Listener Discovery
NFC	Near Field Communication
PaaS	Platform as a Service
QoS	Quality of Service
RFID	Radio-Frequency Identification
RPL	Routing Protocol for Low power and Lossy Networks
SaaS	Software as a Service
W-P/LAN	Wireless Personal / Local Area Network
WSN	Wireless Sensor Network

1. Einleitung

In der vorliegenden Arbeit möchte ich Kommunikationsprotokolle für Maschinen im Einsatzbereich der industriellen Produktion auf ihre Geeignetheit zur Anbindung an das Internet der Dinge (IdD) und an Public Clouds vergleichen. Im Fokus sollen dabei Protokolle für den Netzwerkzugriff stehen.

Eine zentrale Vision der Industrie 4.0 besteht in der umfänglichen Digitalisierung der Produktionsanlagen (Gubbi et al. 2013; Dais 2017; Shahid und Aneja 2017; Vashi et al. 2017). Das bedingt insbesondere eine weitgehende Vernetzung der Maschinen über das IdD und Anbindung an Clouds (Gubbi et al. 2013; Scheer 2013; Dais 2017; Shahid und Aneja 2017). Zur Zeit existieren in der industriellen Praxis der Maschinen-Kommunikation eine Reihe von inkompatiblen Standard-Protokollen nebeneinander (Geisberger und Broy 2012; Basarovski 2017; Plenk 2017; Tietz et al. 2017). Die konkurrierenden Protokoll-Standards stehen der Vision nach einer weitestgehenden Vernetzung der Maschinen über das IdD entgegen (Bettenhausen und Kowalewski 2013). Eine Einigung auf einen oder wenige, kompatible Standards wird deshalb Industrieübergreifend angestrebt (Atzori et al. 2010; Geisberger und Broy 2012; Bettenhausen und Kowalewski 2013). Eine Bestimmung der Eignungspotenziale von Standard-Protokollen der Maschinen-Kommunikation für die Internet-der-Dinge- und Cloud-Anbindung kann helfen, Selektionsempfehlungen für bestimmte Protokolle zu begründen.

Das Ziel der Arbeit ist es, Anforderungen an Standardprotokolle der Maschinenkommunikation für den skizzierten Einsatzfall zu ermitteln und mit den in der Literatur beschriebenen Lösungen zu vergleichen. Auf dieser Grundlage will ich das Potenzial der betrachteten Protokolle zur Verwendung als Industriestandard belastbar bestimmen und schließlich Nutzungsempfehlungen aussprechen.

Zunächst widme ich mich dazu der Frage, wie eine IT-Architektur für die Anbindung von Produktionsmaschinen an das IdD und Cloud aussieht (I). Hieraufhin ist zu fragen, welchen Gütekriterien Kommunikationsprotokolle für den Informationsaustausch zwischen Maschinen in diesem Zusammenhang unterworfen sind (II). Welche konkreten funktionalen sowie performanten Eigenschaften etablierter Protokolle in der Literatur beschrieben sind, soll auf dieser Grundlage beantwortet werden (III). Schließlich kann ich der zentralen Forschungsfrage nachgehen, welche Unterschiede zwischen den betrachteten Protokollen bestehen, die schließlich eine Nutzungsempfehlung begründen (IV).

Für die Beantwortung der vier Forschungsfragen nutze ich ein exploratives Forschungsdesign, welches ausschließlich auf Literaturarbeit basiert. Forschungsansätze der quantitativen Empirie erscheinen mir weniger gut geeignet, um funktionale Protokollunterschiede herauszuarbeiten. Um performante Unterschiede zu ermitteln, wären wiederum organisatorische und zeitliche Maßnahmen nötig, die leicht den angestrebten Umfang dieser Arbeit überschreiten. Die recherchierte Literatur ergibt aufgrund ihrer Qualität und Quantität einen ausreichend breiten, qualitativen Einblick in die Protokolllandschaft zur Maschinenkommunikation. Ich darf deshalb begründet annehmen, die relevanten Protokolle und ihre Eigenschaften in meiner Arbeit zu berücksichtigen.

Die Literaturrecherche ist schlagwortbasiert und umfasst die folgenden Begriffe, sowie Begriffsverbindungen und englischen Entsprechungen: *Maschinen-Kommunikation, Cyber-Physikalische Systeme (CPS), Cyber-Physikalische Produktionssysteme (CPPS), (Kommunikations-)Protokoll, Protokollstandard, Internet der Dinge (IdD), Cloud, Netzwerkschicht, Anbindung.* Bei der Quellenauswahl konzentriere ich mich auf themenspezifische Journale, die im aktuellen VHB-Teilranking „Wirtschaftsinformatik" mit „A" und besser bewerten werden. Hierbei orientiere ich mich an der Aktualität der Beiträge und betrachte den Zeitraum 01/2015 bis 01/2018. Ergänzt wird die Lektüre zum Stand der Technik einerseits um Protokollspezifische Dokumentationen der Entwickler und Standardisierungsgremien und andererseits um Regierungs- und Branchenverbandsschriften, welche sich dem Themenkomplex Industrie 4.0 widmen. Hinzu treten fachspezifische Lehrbücher zur IT-Architektur und zur Maschinenvernetzung mit den Schwerpunkten Maschinenkommunikation. Bei ihrer Auswahl orientiere ich mich am Zitationsindex.

Im theoretischen Teil dieser Arbeit (Kapitel 2) werde ich zunächst ein Referenzmodell zur Abbildung der IT-Architektur erörtern. Dabei besteht das Ziel darin, die Kommunikationswege und physischen Schnittstellen zu konkretisieren. Das OSI-Schichtenmodell findet in diesem Zusammenhang kurz Erläuterung. Es wird für die Auswahl in dieser Arbeit betrachteter Protokolle genutzt. Die Auswahl geschieht nach funktionalen Gesichtspunkten. Anhand dieser Darstellung leite ich aus der Literatur relevante Anforderungs- und Gütekriterien an Standardprotokolle ab. Schließlich erarbeite ich mithilfe der Literatur ein geeignetes Schema, mit dessen Hilfe ich die Protokolle in Bezug auf den avisierten Einsatzbereich vergleichen kann.

Auf dieser Grundlage bestimme ich dann aus der protokollbezogenen Literatur entlang der identifizierten Kriterien die jeweiligen Eigenschaften (Kapitel 3). Im anschließenden Kapitel 4 vergleiche ich die Eigenschaften gemäß dem entwickelten Schema. Daraus ergibt sich schließlich die Antwort auf die zentrale Forschungsfrage nach den funktionalen und performanten Protokollunterschieden. Im abschließenden Kapitel 5 werden sowohl das Vorgehen als auch die auf diese Weise gewonnenen Erkenntnisse reflektiert und eine Nutzungsperspektive als Standard in Bezug auf das besprochene Einsatzgebiet gegeben.

2. Theoretische Grundlagen

In diesem Kapitel werden die theoretischen Grundlagen zur Ermittlung der relevanten Protokolle und ihrer Eigenschaften gelegt. Weiterhin wird ein Schema zum Vergleich dieser Eigenschaften erarbeitet. Eine kompakte Darstellung des Vorgehens bietet die nachfolgende Abbildung 1. Dabei repräsentieren die Kästchen mit weißem Hintergrund die drei Kapitelbeiträge zur vorliegenden Ausarbeitung. Kästchen mit blauem Hintergrund symbolisieren Untersuchungsgegenstand und -ziel. Die englische Abkürzung M2M im Kästchen oben links steht für die Kommunikation von Maschine zu Maschine. Der Begriff Industrie 4.0 im selben Kästchen verweist auf die Erwartungshaltung der deutschen Industrie nach einer grundlegenden Veränderung, welche mit der vollständigen Digitalisierung der Wertschöpfungsketten einhergeht (Drath und Koziolek 2015; Stark et al. 2016; Sendler und Anderl 2016; Dais 2017; Reinheimer 2017; BMBF 2018; BMWi 2018). Das im Kästchen rechts oben angesprochene OSI Schichten-Modell ist ein weitverbreitetes und als Standard verwendetes Referenzmodell für Netzwerkprotokolle (Zimmermann 1980) und wird in diesem Kapitel genauer vorgestellt.

Abbildung 1 Vorgehen bei der Erarbeitung der theoretischen Grundlagen.

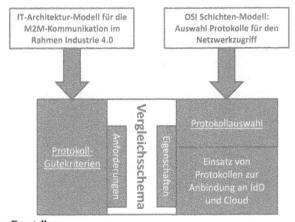

Quelle: Eigene Darstellung.

2.1.   Ein IT-Architekturmodell für die M2M-Kommunikation

Eine IT-Architektur bildet allgemein den konzeptionellen Rahmen, um logische, physische und organisatorische Strukturen zu beschreiben. Es umfasst dabei Anwendungen, Funktionen, Prozesse, Daten, Technologien sowie deren Zusammenwirken und Interdependenzen (Krüger und Seelmann-Eggebert 2003). Für die Abbildung der IT-Architektur von Produktionsmaschinen im Konzept der Industrie 4.0 sowie ihrer Kommunikation untereinander existieren verschiedene, mehr oder weniger etablierte Modelle (vgl. u.a. Chen 2012; Lee et al. 2015; Mainetti et al. 2015; Huber 2016; Mazak et al. 2017). Die Modelle setzen prinzipiell an unterschiedlichen Abstraktionsebenen an, weisen aber auf der physischen Ebene insgesamt die gleichen Komponenten auf. Ein für diese Arbeit sehr hilfreiches Modell ist das M2M-Architektur-Modell des Europäischen Institutes für Telekommunikationsstandards (ETSI). Dieses ist auf der Komponenten-Ebene angesiedelt. Damit ist es technisch konkreter als die anderen oben referenzierten Modelle, welche eine umfassende Systemdarstellung auf einer hohen Abstraktionsebene anbieten. Eine Darstellung des ETSI-Modells findet sich in Abbildung 2.

Abbildung 2 Erweitertes ETSI-M2M-Architekturmodell.

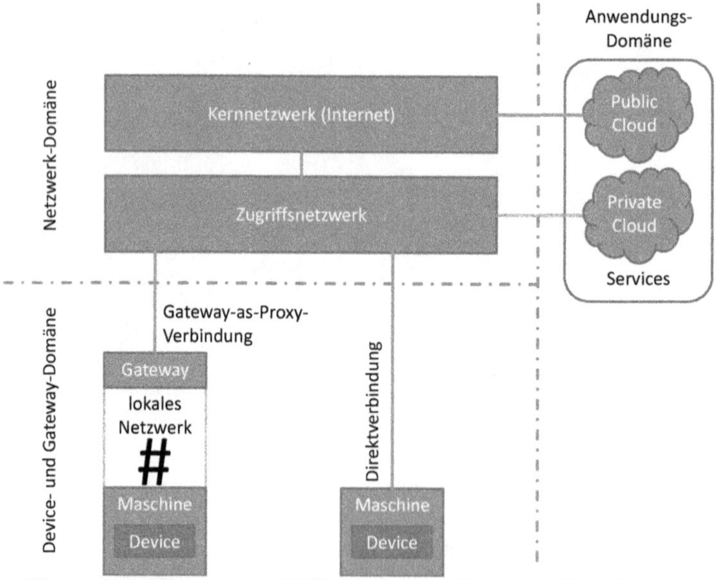

Quelle: Eigene Darstellung nach ETSI (2013), erweitert um Cloud-Darstellung nach Langmann und Stiller (2017).

Das ETSI-Modell betrachtet dabei drei Funktionsdomänen der M2M-Kommunikation: die Netzwerk-Domäne (in der Abbildung über der gestrichelten Linie, linke Bildseite), die Anwendungs-Domäne (rechte Bildseite) sowie die Device- und Gateway-Domäne (unterhalb der gestrichelten Linie). In letzterer Domäne befindet sich die Produktionsmaschine mit eingebetteten Komponenten, wie Datenverarbeitungs- und -speichersystem, Controller, Sensoren und Aktoren (in der Abbildung unter dem englischen Begriff *Device* zusammengefasst). Mit deren Hilfe kann die Maschine überwacht, koordiniert und gesteuert werden (Rajkumar et al. 2010). Diese Komponenten wiederum sind netzwerkfähig oder mit einer netzwerkfähigen Komponente verbunden und können damit über die physische Maschinengrenze hinweg kommunizieren (Lee et al. 2015). Als Einheit bildet dieses Setup ein cyber-physikalisches System (CPS). Ein in der industriellen Fertigung eingesetztes CPS wird in der Literatur auch als cyber-physikalisches Produktionssystem (CPPS) bezeichnet (Monostori 2014).

Eine Fabrik kann allein durch die in die Maschinen eingebrachte Sensorik und Aktorik eine Vielzahl solcher Systemelemente beherbergen und so große Netzwerke schaffen. Damit ist wahrscheinlich, dass diese Elemente funktions- und organisationsbedingt einen individuell unterschiedlichen Anspruch an den Datenaustausch pflegen. Die Literatur nennt hier unter anderem die Punkte Datenformat, Austauschfrequenz, Synchronität, Notwendigkeit der Echtzeit-Kommunikation, Verfügbarkeit, Verlässlichkeit und Sicherheit (Thubert 2014; Aijaz und Aghvami 2015; Al-Fuqaha et al. 2015; Andelfinger und Hänisch 2015; Drath und Koziolek 2015; Basarovski 2017; Giuliano et al. 2017; Tuna et al. 2017;).

Dabei nutzen sie (Hardware- wie Software-seitig) unterschiedliche Kommunikationstechnologien mit ihren jeweiligen Eigenschaften und Bedürfnissen (Al-Fuqaha et al. 2015; Kubach 2017). Anzuführen wären hier unter anderem die Technologie der Netzwerkanbindung (wired/wireless), Netzwerkgröße und -topologie, Konsistenz und Dauer von Netzstrukturen, verlustbehaftete Anbindung, Skalierbarkeit der Netzwerkteilnehmerzahl, Energieversorgung und -verbrauch sowie Eigenschaften der Datenübertragung. Zu den funktionalen Eigenschaften zählen Datentransport, Reichweite, Kapazität und Rate / Arbeitsfrequenz. Die nicht-funktionalen Eigenschaften, in der Literatur auch unter dem Begriff Servicequalität geführt, umfassen: Verfügbarkeit, Management, Glaubwürdigkeit, Sicherheit[1], Verlässlichkeit, Robustheit und Kompatibilität/ Interoperabilität/

---

[1] Einige Autoren führen diesen Punkt gesondert von den Punkten der Servicequalität auf (vgl. z.B. Gubbi et al. 2013).

verwendeter Standard (Gubbi et al. 2013; Al-Fuqaha et al. 2015; Mainetti et al. 2015; Rajandekar und Sikdar 2015; Buratti et al. 2016; Basarovski 2017; Mazak et al. 2017; Sha et al. 2017).

Die Anbindung an Internet und Cloud-Services ist in der M2M-Kommunikation eine eigenständige und wesentliche Forderung (Aijaz und Aghvami 2015). Im betrachteten Modell kann das CPPS über ein lokales bzw. noch darunter über ein persönliches Netzwerk[2] mit einem Gateway verbunden sein (in der Abbildung links unten). Der Zusammenschluss (einer Vielzahl) von Sensoren und Aktoren der CPPS in einem drahtlosen Netzwerk wird in der Literatur als drahtloses Sensor-Netzwerk (WSN) bezeichnet (Kumari und Prachi 2015; Al-Sarawi et al. 2017; Sha et al. 2017). WSNs stellen in der Vision Industrie 4.0 ein zentrales, etabliertes Konzept dar, welches auf der massenhaften Verfügbarkeit kostengünstiger CPPS-Hardware beruht (Aijaz und Aghvami 2015; Al-Fuqaha et al. 2015; Rajandekar und Sikdar 2015). Solch ein Drahtlos-Netzwerk ist technisch realisierbar z.b. per Wireless Local Area Network (W-LAN) / Wireless Personal Area Network (W-PAN), Near Field Communication (NFC), Identifizierung mit Hilfe elektromagnetischer Wellen (RFID) oder Bluetooth. Kabelgebundene Netzwerke werden in der Industrie z.B. über Industrial Ethernet realisiert.

Das Gateway arbeitet als Proxy mit eigner Internet-(IP)-Adresse und verbindet eine im Subnetz (LAN/PAN) befindliche Maschine mit dem Internet. Alternativ besteht die Möglichkeit, dass eine Maschine direkt mit dem Internet verbunden ist (rechts unten). Das in der Abbildung aufgeführte Zugriffsnetzwerk stellt die technische Realisierung des Netzwerks dar, mit welcher auf das Internet zugegriffen wird (z.B. W-LAN oder Mobilfunk). Im Internet wiederum finden sich für die M2M-Kommunikation relevante Anwendungen und Services, z.B. aus dem Bereich der Datenverarbeitung. Im Modell werden solche Anwendungen in einer eigenen Domäne, der Anwendungs-Domäne geführt.

Zu diesen zählen auch (public) Clouds, auf welche aus dem Internet zugegriffen wird. Als Cloud werden im Allgemeinen Rechnernetze verstanden, die informationstechnische Leistungen (Services) bieten, ohne dass dem Servicenehmer die innere Struktur der Rechnernetze dazu bekannt sein muss (Bernstein et al. 2009; Truong und Dustdar 2015; Langmann und Stiller 2017). Zu den Leistungen zählen insbesondere drei Bereiche, die sich durch ihre Leistungskomplexität unterscheiden (aufsteigende Aufzählung): IT-Basis-Infrastruktur bzw. Hardware-Komponenten als Dienst (Infrastructure as a Service – IaaS), Technische Frameworks als Dienst (Platform as a

---

[2] Lokale und persönliche Netzwerke unterscheiden sich insbesondere in Reichweite und Datenübertragungsrate.

Service – PaaS) und Anwendungen als Dienst (Software as a Service – SaaS). Clouds können auch in private Netze integriert werden, bei dem der Zugriff aus dem Internet unterbunden ist und werden auf diese Weise ebenfalls privat (Gubbi et al. 2013; Pereira et al. 2013; Kubach 2017).

Die M2M-Kommunikation wird über die in der Abbildung rot und blass-rot (Verbindung im lokalen Netzwerk sowie zwischen Zugriffsnetzwerk und privater Cloud) dargestellten Verbindungen organisiert, wobei den dabei zum Einsatz kommenden Übertragungsprotokollen eine zentrale Rolle zufällt. Aus den Maschinenaufgaben in der industriellen Anwendung und der dabei eingesetzten Kommunikationstechnik (Hardware/Software) ergeben sich Anforderungen, welche diese Organisation berücksichtigen muss. Tabelle 1 fasst die herausgearbeiteten Anforderungen entsprechend ihrer Grundlage zusammen.

Mit dieser Darstellung einer IT-Architektur für die M2M-Kommunikation ist Forschungsfrage I beantwortet. Die Übersicht der Anforderungskategorien bei der Kommunikationsorganisation bildet zudem die Grundlage zur Beantwortung von Forschungsfrage II im folgenden Kapitel.

Tabelle 1 Anforderungskategorien für die Kommunikationsorganisation.

Produktionsmaschine / CPPS	Kommunikationstechnologie
• Datenformat	• Netzwerkanbindung (wired / wireless)
• Datenaustauschfrequenz	• Netzwerkgröße und -topologie,
• Synchronität	• Konsistenz und Dauer von Netzstrukturen
• Notwendigkeit der Echtzeit-Kommunikation	• Verlustbehaftete Anbindung
• Verfügbarkeit	• Skalierbarkeit Netzwerkteilnehmer
• Verlässlichkeit	• Übertragungseigenschaften (funktional: Datentransport,
• Sicherheit	Reichweite, Kapazität und Rate / Arbeitsfrequenz;
• beschränkte Ressourcen (Energie, Speicher, Rechenleistung)	nicht-funktional: Verfügbarkeit, Management, Glaubwürdigkeit, Sicherheit, Verlässlichkeit, Robustheit, Multicast-fähig, Kompatibilität/
• hohe Device-Anzahl	verwendeter Standard/Interoperabilität)
• Internet-fähig	• Energieversorgung/-verbrauch (in Funknetzwerken besitzen die Sensoren oft batteriebetriebene Rechen- und Funkmodule)

Quelle: Eigene Darstellung nach Inhalten von Gubbi et al. (2013), Aijaz und Aghvami (2015), Andelfinger und Hänisch (2015), Drath und Koziolek (2015), Buratti et al. (2016), Mainetti et al. (2015), Basarovski (2017), Giuliano et al. (2017), Tuna et al. (2017), Mazak et al. (2017) und Sha et al. (2017).

2.2.   Protokollauswahl

In dieser Arbeit werden Netzwerkprotokolle betrachtet. Sie gehören zu den Kommunikationsprotokollen und organisieren den Datenaustausch in Rechnernetzwerken. Protokolle beinhalten dazu ihren Funktionen und Fähigkeiten entsprechend ein Regelwerk. Die Organisation der Kommunikation verursacht zusätzlich zu den zu übertragenden Daten ein protokollspezifisches Datenaufkommen. Dieses ist in einer Ressourcenbetrachtung zu berücksichtigen.

Aufgrund der Komplexität von Rechnernetzwerk und Aufgaben beim Datenaustausch hat sich eine Verteilung dieser Aufgaben auf verschiedene Protokolle etabliert. Das von Zimmermann (1980) beschriebene OSI-Schichten-Modell findet hierbei zentral Berücksichtigung als Referenz. Dieses Modell umfasst sieben, hierarchisch gegliederte Schichten, denen die Aufgaben beim Datenaustausch zugeordnet werden können. Dabei erbringt bei aufeinanderfolgenden Schichten die hierarchisch niedere Schicht Dienste für die höhere, welche diese wiederum für die Erbringung ihre Aufgaben benötigt. Die Schichten sind anwendungs- oder transportorientiert.

Protokolle werden schließlich, ihrem Funktionsumfang gemäß, einer oder mehrerer (direkt aufeinanderfolgender) Schichten zugeordnet. Ein Protokoll übernimmt dabei nicht notwendigerweise alle Aufgaben einer Schicht, sondern ggf. nur einen Teil. Dies macht in der Praxis, auch für die Aufgaben einer Schicht, mitunter eine kombinierte Anwendung mehrerer Protokolle erforderlich. Dabei integriert meist ein (Haupt-)Protokoll diverse Hilfsprotokolle. In Tabelle 2 sind die Schichtbezeichnungen und die jeweiligen Funktionen zusammengefasst.

Tabelle 2 Das OSI-Schichten-Modell.

#		Schichtbezeichnung	Funktion
7	Anwendungsorientiert	Anwendungsschicht	Funktionen für die Anwendung, Verbindung zu unteren Schichten herstellen, Daten-Ein- und -Ausgabe
6		Präsentationsschicht	Systemunabhängige Datendarstellung umsetzen (Syntaxübersetzer zwischen Systemen), Datenkompression und -verschlüsselung,
5		Sitzungsschicht	Organisierter und synchroner Datenaustausch, Checkpoints zur Wiederaufnahme Kommunikation nach Verbindungsabbruch

#		Schichtbezeichnung	Funktion
4	Transportorientiert	Transportschicht	Segmentierung Datenstrom, Stauvermeidung, einheitlichen Netzwerkzugriff für Anwendungsorientierte Schichten (#5-7) bereitstellen
3		Netzwerkschicht	Leitungsorientiert: Verbindung schalten; Paketorientiert: Weitervermittlung d. Pakete; Routing (Wegesuche zwischen Netzwerkknoten), Datengüte gewährleisten, Bereitstellen von Netzwerkübergreifenden Adressen
2		Sicherungsschicht	Zuverlässige (fehlerfreie) Übertragung gewährleisten und Zugriff auf Übertragungsmedium regeln
1		Bitübertragungsschicht	Physikalische Verbindung garantieren

Quelle: Eigene Darstellung nach Inhalten von Zimmermann (1980).

In der Literatur wird eine Vielzahl an Netzwerkprotokollen für unterschiedliche Zwecke beschrieben (vgl. die Auflistung bei IANA (2018)). Ein Vergleich aller Protokolle würde bereits an der vollständigen Erfassung scheitern und ist aufgrund ihrer funktionalen, wie historischen Besonderheiten nicht zielführend.

Dem Thema der Arbeit entsprechend, konzentriere ich meine Betrachtung auf einen Teil der Netzwerkprotokolle, welche im Schwerpunkt Aufgaben der Netzwerkschicht übernehmen, also eine Verbindung zwischen Netzwerkteilnehmern herstellen. Bei diesen ist zu unterscheiden zwischen Protokollen, die die Kommunikation in lokalen, privaten Netzwerken (zwischen den Netzwerkteilnehmern) organisieren und solchen, welche die Anbindung an überlokale (Inter-)Netzwerke ermöglichen. Letztere stehen im Fokus dieser Arbeit. In Abbildung 1 sind die dabei relevanten Kommunikationsbeziehungen rot dargestellt. Protokolle, die neben den dafür relevanten Aufgaben der Netzwerkschicht auch Aufgaben anderer, häufig untergeordneter Schichten übernehmen, werden ebenfalls berücksichtigt.

Die zentralen Aufgaben dieser Schicht nach Zimmermann (1980) sind:

- (logische) Adressierung,
- Routing (Wegfindung und -festlegung von Datenpaketen zwischen Sende- und Empfängeradresse im Netzwerk),
- Datenkapselung (Paketierung),
- Fragmentierung (Anpassung der Paketgröße an Protokollvorgaben der Sicherungsschicht vor Versendung durch Zerlegung),
- Zusammensetzung (der vormals zerlegten Pakete nach Ankunft beim Empfänger),

- Diagnose sowie
- Fehler-Handhabung.

Protokolle der Netzwerkschicht, die eine IP-Adressierung ermöglichen, können lokale Netzwerke mit dem Internet verbinden. Die Schicht ist eng verknüpft mit der darüberliegenden Transportschicht und stellt für diese relevante Dienste.

Einen hilfreichen Überblick über Netzwerkprotokolle, insbesondere der Netzwerkschicht, in IdD- und M2M-Anwendungen liefern die Artikel von Gubbi et al. (2013), Aijaz und Aghvami (2015), Al-Fuqaha et al. (2015) und Giuliano et al. (2017). Die relevanten Protokolle der Schicht sind in Tabelle 3 aufgelistet. Zu diesen gehören das de facto Standard-Protokoll der Internetkommunikation, IPv4 (Internetprotokoll Version 4) und dessen u.a. Adressraum-erweitertem Nachfolger IPv6. Deren Hilfsprotokolle sind in der Literatur erwähnt und werden deshalb hier angeführt: Internet Protocol Security (IPsec), Internet Control Message Protocol (ICMP), ICMPv6, Internet Group Management Protocol (IGMP) und Multicast Listener Discovery (MLD). Hinzu treten Internet-fähige Routing-Protokolle, die speziell für den Einsatz in WSNs konzipiert sind: Routing Protocol for Low power and Lossy Networks (RPL) sowie dessen Erweiterung cognitive RPL (CoRPL). Diese beiden Routingprotokolle werden häufig integriert in die hier betrachteten WSN-Protokolle IPv6 für WPAN mit niedrigem Energieverbrauch (6LoWPAN), IPv6 over the Time Slotted Channel Hopping (TSCH) mode of IEEE 802.15.4e (6TiSCH) und Zigbee IP. Die Aufzählung beschließt das Protokoll Thread, welche ebenfalls für WSNs und deren Anbindung an das Internet gestaltet ist, aber die Routing-Funktion des Internetprotokolls übernimmt.

Neben der Protokoll-Bezeichnung sind zusätzlich die Kernaufgaben des Protokolls und der Bezug zu anderen Protokollen aufgenommen. Dieser kann in einer Implementierung, einer Nutzung (basiert auf) oder einer Weiterentwicklung bestehen. Die Protokollauswahl in Tabelle 3 bildet die Grundlage für den Vergleich in Kapitel 3.

Neben dieser Auswahl bestehen weitere Protokolle der Netzwerkschicht, welche ausschließlich für den Einsatz in privaten Netzwerken konzipiert sind. Ihnen fehlt die Fähigkeit der IP-Adressierung und damit der Internetanbindung. Für die weitere Betrachtung entfallen sie.

Tabelle 3 Auswahl von Protokollen der Netzwerkschicht.

Protokoll	Kernaufgaben	implementiert/ [basiert auf]/ (Weiterentwicklung von) Protokoll
IPv4	Datenkapselung, Adressierung, Routing, Quality of Service (QoS), Multicast, Sicherheit (Postel 1981; Deering 1998; Al-Fuqaha et al. 2015), de facto Standard für das Internet	IPsec, ICMP, IGMP
IPv6	Datenkapselung, Adressierung, Routing, QoS, Multicast, Sicherheit (Deering 1998; Gubbi et al. 2013; Al-Fuqaha et al. 2015; Hinden 2017), zukünftiger Standard im Internet, Umstellung erfolgt z.Zt.	IPsec, ICMPv6 / (IPv4)
IPsec	optionaler Bestandteil von IPv4 / v6; Sicherheitsaufgaben (Giuliano et al. 2017)	
ICMP	Bestandteil von IPv4; Fehlermeldungen, Diagnose, Autokonfiguration	
ICMPv6	Bestandteil von IPv6; Fehlermeldungen, Diagnose, Autokonfiguration, Multicast (Hinden 2017)	MLD
IGMP, MLD	Bestandteil von IPv4 (IGMP) bzw. ICMP v6 (MLD); Organisation von Multicast-Gruppen (Cain et al. 2002)	
RPL	Routing in LLNs (Al-Fuqaha et al. 2015; Zhao et al. 2016; Vasseur et al. 2011)	(IPv6 Routing)
CORPL	Routing in *cognitive networks*[3] (Aijaz et al. 2015; Aijaz und Aghvami 2015)	(RPL)
6LoWPAN	Datenkapselung, Adressierung, Routing in verlustbehafteten, kabellosen Niedrigenergie-Netzwerken (Low Power Lossy Networks - LLNs), Routing: *Mesh under* auf Sicherungsschicht oder *Route over* durch RPL auf	RPL / [IPv6]

---

[3] Für den englischen Begriff findet sich in der deutschsprachigen Literatur keine adäquate Übersetzung. Der Begriff umschreibt drahtlose Netzwerke, welche u.a. die Fähigkeit zum Lernen und zur Selbstorganisation besitzen.

Protokoll	Kernaufgaben	implementiert/ [basiert auf]/ (Weiterentwicklung von) Protokoll
	Netzwerk-Schicht (Schumacher et al. 2007; Al-Fuqaha et al. 2015)	
6TiSCH[4]	Datenkapselung, Adressierung, Routing in LLNs (Thubert 2014; Giuliano et al. 2017; Vilajosana et al. 2017; Wang et al. 2017)	6LoWPAN, RPL
Thread	Datenkapselung, Adressierung, Routing in LLNs (Thread Group 2015)	IPv6 Routing / [6LoWPAN]
ZigBee IP	Datenkapselung, Adressierung, Routing in LLNs (Al-Fuqaha et al. 2015; Andelfinger und Hänisch 2015; Buratti et al. 2016)	6LoWPAN, RPL

Quelle: Eigene Darstellung nach Inhalten von Postel (1981), Deering (1998), Schumacher et al. (2007), Vasseur et al. (2011), Thubert (2014), Aijaz et al. (2015), Al-Fuqaha et al. (2015), Andelfinger und Hänisch (2015), Thread Group (2015), Buratti et al. (2016), Zhao et al. (2016), Giuliano et al. (2017), Vilajosana et al. (2017) und Wang et al. (2017).

2.3. Ein Schema zum Vergleich von Netzwerkprotokollen

Funktionsumfang und Leistungsfähigkeit der identifizierten Protokolle soll anhand der in Kapitel 2.1 herausgearbeiteten Kriterien ermittelt und schließlich untereinander verglichen werden. Es ist dazu notwendig ein Schema zu schaffen, was einen Vergleich zwischen den einzelnen Protokollen zulässt. Das nachfolgend vorgestellte Vergleichsschema soll dieses ermöglichen.

Das Qualitätsmaß für die Vergleichsergebnisse wird den Forschungsfragen angepasst gewählt. Hierbei ist von Interesse, ob und wie die Gütekriterien durch die Protokolleigenschaften erfüllt werden. Als Maß für die Qualität werden dabei Effektivität und Effizienz der Kriterienerfüllung ermittelt. Die Effektivität bezieht sich dabei auf das Ob und die Effizienz auf das Wie der Erfüllung. Effektivität beschreibt im Allgemeinen den Zielerreichungsgrad einer Maßnahme. Effizienz berücksichtigt den Ressourceneinsatz bei der Zielverfolgung. Die Effizienzmessung erfolgt in der

---

[4] Neben 6LoWPAN und 6TiSCH, entwickelt die Internet Engineering Task Force (IETF) z.Zt. weitere Protokolle zur Anbindung ressourcenbeschränkter Netzwerkknoten an IP-Netze, die auf Basis anderer Datenverbindungstechnologien arbeiten. Dazu gehören Lösungen für Near Field Communication (NFC), Bluetooth Low Energy (BLE), Master-Slave/Token Passing (MS/TP, DECT/ULE, Wireless Networks for Industrial Automation Process Automation (WIA-PA) und IEEE 802.11ah (Salman 2015).

Einheit der Eigenschaft, sofern möglich. Beide Maße angewandt in Kombination zeichnen ein umfassendes Bild der Zielerreichung. Sie ermöglichen einen neutralen Vergleich, unabhängig eines einsatzfeldbezogenen Schwerpunkts, auf bestimmte Eigenschaften. Der Vergleich zwischen den Protokollen erfolgt Eigenschaftsbezogen.

Im Zusammenhang mit dieser Arbeit ist die Effektivität der Maschinenanbindung an IdD und Cloud das wichtigste Maß. Die Effizienz findet als weiteres Kriterium erst Berücksichtigung, wenn zwei Protokolle gleichsam effektiv sind. In dem Fall arbeitet ein Protokoll effizienter, je weniger Ressourcen es für die Erlangung des Ziels einer Verbindung benötigt. Mithilfe dieses Schemas können nun die Protokolleigenschaften miteinander verglichen und die Beantwortung der Forschungsfrage IV angegangen werden.

3. Eigenschaften von Protokollen der Netzwerkschicht

In Kapitel 2.1, Tabelle 1 wurden relevante Attribute für die Kommunikationsanbindung von Maschinen an IdD und Cloud vorgestellt. Die Fokussierung der Arbeit auf Protokolle der Netzwerkschicht macht einige dieser Eigenschaften für die nachfolgende Betrachtung obsolet, da sie inhaltlich in anderen Protokollschichten bedient werden. Dabei ergab die Recherche, dass für die Cloud-Anbindung über das Internet keine gesonderten Protokolle der Netzwerkschicht zur Anwendung kommen. Spezielle Protokolle existieren erst für hierarchie-höhere Schichten, insbesondere bei der Anwendungsschicht. Entlang der verbleibenden Eigenschaften werden in der nachfolgenden Tabelle 4 die ausgewählten Protokolle spezifiziert. Für die Eigenschaften wurden die für das jeweilige Protokoll bereits in Tabelle 3 angeführten Quellen bemüht. Informationen aus anderen Quellen sind über Fußnoten referenziert. Die Aufstellung in Tabelle 4 beantwortet zugleich Forschungsfrage III.

Die optionalen Hilfsprotokolle von IPv4 und IPv6 (IPsec, ICMP/ICMPv6 und IGMP), welche nicht eigenständig agieren können, werden zusammen mit ihren jeweiligen Trägerprotokollen unter deren Bezeichnung besprochen. Auch RPL, bzw. dessen Erweiterung, CoRPL, sind Hilfsprotokolle. Sie werden zumeist im Bereich von Wireless Sensor Networks (WSNs) für das Routing eingesetzt (so auch bei 6LoWPAN und Zigbee). In der recherchierten Literatur ist allerdings ausschließlich über die integrierte Verwendung von RPL, als de facto Standard-Routing-Protokoll der M2M-Kommunikation im IdD (Aijaz und Aghvami 2015), berichtet worden. Von den hier angeführten Routing-Protokollen der WSNs wird RPL deshalb exklusiv besprochen. Wie bei den Hilfsprotokollen von IPv4 und IPv6, erfolgt dies zusammen mit dessen Trägerprotokollen.

Tabelle 4 Eigenschaften der Netzwerkschicht-Protokolle.

	Attribut	IPv4	IPv6	6LoWPAN	Zigbee IP	6TiSCH	Thread
CPPS	Synchronität	nein	nein	nein	nein	ja	nein
	Echtzeit-fähig	ja	ja	ja[5]	ja	ja[6]	nein
	minimaler Speicherbedarf Header [Byte]	20	40	2-7 [7]	8	2-7 [7]	6
	Internet-fähig	ja	ja	ja	ja	ja	ja
Ko	Netzwerkanbindung (wired / wireless)	beide	beide	wireless	wireless	wireless	wireless

---

[5] Santillán Martínez et al. (2017).
[6] Divya Darshini et al. (2016).
[7] 2 Byte bei ausschließlicher Kommunikation im W-PAN, 7 bei Internet-Kommunikation.

Attribut	IPv4	IPv6	6LoWPAN	Zigbee IP	6TiSCH	Thread
Netzwerkgröße / -topologie	Internet	Internet	WPAN/ Star, Mesh	WPAN/ Star, Mesh, Cluster	WPAN/ Star, Mesh	WPAN/ Star, Mesh
Skalierbarkeit Netzwerk-Teilnehmer	2^{32}	2^{128}	~IPv6	~IPv6	~IPv6	~IPv6
Verlustbehaftete Anbindung möglich?	nein	nein	ja (LLNs)	ja (LLNs)	ja (LLNs)	ja (LLNs)
Übertragungseigenschaften						
Multicast-fähig	IGMP	MDL	ja[8]	ja	ja	ja
Sicherheit	IPsec (AES)	IPsec (AES)	AES[9]	AES	AES	u.a. IPsec
Verlässlichkeit	ICMP	ICMPv6	ICMPv6	ICMPv6	ICMPv6	ICMPv6
Kompatibilität/ Interoperabilität/ verwendeter Standard	IPv4	IPv6	RPL / [IPv6]	6LoWPAN, RPL	6LoWPAN, RPL	6LoWPAN, IPv6-Routing
umfasste OSI-Schichten	3	3	3	3	3	3-4 + Sicherheit

Quelle: Eigene Darstellung nach Inhalten von Postel (1981), Deering (1998), Schumacher et al. (2007), Vasseur et al. (2011), Thubert (2014), Aijaz et al. (2015), Al-Fuqaha et al. (2015), Andelfinger und Hänisch (2015), Granjal et al. (2015), Thread Group (2015), Wang (2015), Buratti et al. (2016), Divya Darshini et al. (2016), Zhao et al. (2016), Giuliano et al. (2017), Santillán Martínez et al. (2017), Vilajosana et al. (2017) und Wang et al. (2017).

Damit verbleiben sechs Protokolle für die weitere Betrachtung. Von diesen sind alle Internet-fähig und erfüllen damit das Effektivitätskriterium. Ihre Effizienz soll im folgenden Kapitel 4 ermittelt und verglichen werden.

---

[8] Wang (2015).
[9] Granjal et al. (2015).

4. Vergleich der Protokolle

In diesem Kapitel sollen die Protokolleigenschaften aus Tabelle 4 (Kapitel 3) mittels des in Kapitel 2.3 erarbeiteten Schemas einem Vergleich unterzogen werden. Ich konzentriere mich dabei auf die wesentlichen Unterschiede zwischen den Eigenschaften der Protokolle. Daraus leite ich die Effizienz bezüglich des Merkmals ab. Aus der Gesamtschau werde ich anschließend Forschungsfrage IV beantworten. Das Ergebnis dieses Vergleichs findet sich in Tabelle 5 zusammengefasst. Rote Felder symbolisieren fehlende Effektivität, bzw. geringe Effizienz. Grüne Felder bedeuten Effektivität, bzw. vergleichsweise hohe Effizienz. Weiße Felder symbolisieren nicht, bzw. schwer vergleichbare Eigenschaften.

Tabelle 5 Vergleich der Protokolleigenschaften.

	Attribut	IPv4	IPv6	6LoWPAN	Zigbee IP	6TiSCH	Thread
CPPS	Synchronität	✗	✗	✗	✗	✓	✗
	Echtzeit-fähig	✓	✓	✓	✓	✓	✗
	min Header [Byte]	20	40	2-7	8	2-7	6
	Internet-fähig	✓	✓	✓	✓	✓	✓
Kommunikationstechnologie	wired / wireless	beide	beide	wireless	wireless	wireless	wireless
	Netzwerkgröße / -topologie	Internet	Internet	WPAN/ Star, Mesh	WPAN/ Star, Mesh, Cluster	WPAN/ Star, Mesh	WPAN/ Star, Mesh
	Skalierbarkeit	2^{32}	2^{128}	¬IPv6	¬IPv6	¬IPv6	¬IPv6
	LLN möglich?	✗	✗	✓	✓	✓	✓
	Übertragungseigenschaften						
	Multicast-fähig	✓	✓	✓	✓	✓	✓
	Sicherheit	✓	✓	✓	✓	✓	✓
	Verlässlichkeit	✓	✓	✓	✓	✓	✓
	Kompatibilität/ Interoperabilität/ Standard	IPv4	IPv6	RPL / [IPv6]	6LoWPAN , RPL	6LoWPAN , RPL	6LoWPAN , IPv6-Routing
	umfasste OSI-Schichten	3	3	3	3	3	3-4 + Sicherheit

Quelle: Eigene Darstellung nach Inhalten identisch Tabelle 4.

In den von CPPS geforderten Attributen finden sich Unterschiede in Synchronität und Echtzeit-Fähigkeit der Kommunikation. 6TiSCH ist als einziges Protokoll fähig, eine Kommunikation gemäß einem Zeitplan zu gestalten und synchron zu halten. Bis auf Thread, sind alle betrachteten Protokolle Echtzeit-fähig, in dem Sinne, dass sie den Datenverkehr durch das Internet priorisieren können. Die Header von IPv4 und IPv6 benötigen im Vergleich den größten Speicherplatz und verursachen dadurch im Allgemeinen höheren Energie- und Rechenaufwand.

Bei Attributen der Kommunikationstechnologie bestehen weitere Unterschiede. IPv4 und IPv6 sind nicht festgelegt auf eine Anbindungsform und funktionieren sowohl in drahtgebundenen als auch in drahtlosen Netzwerken. Im Gegensatz dazu sind 6LoWPAN, 6TiSCH, Zigbee IP und Thread spezifiziert für drahtlose Netzwerkanbindungen. Dies spiegelt sich auch in Netzwerkgröße und -topologie wider. Sie sind für die Internetanbindung aus WPANs heraus optimiert, wobei Zigbee IP die höchste Diversität in Topologie-Formen unterstützt. In der Adressierung haben alle, bis auf IPv4, den IPv6-Standard übernommen, wodurch die Netzwerk-Teilnehmeranzahl in diesem Aspekt praktisch nicht mehr begrenzt ist. Was die Robustheit der Datenübertragung anbelangt, befinden sich IPv4 und IPv6 im Nachteil gegenüber den anderen vier Vergleichsprotokollen. Diese sind konzipiert für verlustbehaftete Netzwerkübertragungen in WSNs. Durch entsprechende Maßnahmen wird dabei die Kommunikation unter solchen Bedingungen effektiv, verlässlich und robust gestaltet.

Bei der Übertragung sind alle Protokolle multicast-fähig, können also eine Nachricht parallel an mehrere Adressen bringen. Es setzen ebenfalls alle Protokolle Sicherheitskonzepte um, wobei ich über deren Wirksamkeit keine pauschale Aussage treffen kann. Dies würde eine gesonderte, eingehende Betrachtung erfordern, welche außerhalb des Anspruchs dieser Arbeit liegt.[10]

Schließlich ist festzustellen, dass alle Protokolle, zumindest in Teilen, auf dem IP-Standard aufsetzen. Änderungen im Standard beträfen damit alle Protokolle. Zigbee IP, 6TiSCH und Thread nutzen den 6LoWPAN-Standard als Adaptionsschicht (zwischen Sicherungsschicht und Netzwerkschicht), um IPv6-Datenpakete über WPANs zu übertragen (Giuliano et al. 2017). RPL, welches ein robustes Routing-Verfahren für unbeständige Netzwerk-Topologien (insbesondere verursacht durch die Unbeständigkeit seiner Netzwerk-Teilnehmer) darstellt, nutzen 6LoWPAN,

---

[10] Unter der recherchierten Literatur behandelt nachfolgende prominent den Aspekte der Sicherheit bei Protokollen der Netzwerkschicht: Keoh et al. 2014, Granjal et al. 2015, Rahman et al. 2016, Ray et al. 2016, Giuliano et al. 2017, Hsueh und Li 2017 und Tuna et al. 2017.

Zigbee IP und 6TiSCH. Die andere Hälfte setzt auf das im Internetprotokoll-Standard festgelegte Routingverfahren.

Die zentralen Herausforderungen der M2M-Kommunikation über das IdD / Cloud, bestehen in der großen Anzahl an Netzwerkteilnehmern, die wiederum über eine geringe, eigenständige Energieversorgung (z.B. per Batterie) sowie geringer Datenspeicher- und Rechenkapazität verfügen und aus Kosten- oder Mobilitätsgründen drahtlos miteinander verbunden werden sollen. Hinzu treten verschiedene Anforderungen, wie ein verlustfreie, schnelle (ggf. Echtzeit-fähige), sichere und robuste (verlässliche) Kommunikation zwischen seinen Netzwerkteilnehmern und Teilnehmern aus dem Internet.

Gemessen an den identifizierten Herausforderungen und Anforderungen, sind die Internet-Protokolle am wenigsten effizient, vor allem im Hinblick auf ihren Speicherplatzbedarf und ihre Robustheit. Ihre Wichtigkeit für das Internet ist davon allerdings unbenommen. Ihre Stärken kommen in drahtgebundenen, nicht ressourcenbeschränkten Anwendungen voll zum Tragen.

Die vier auf WSNs spezialisierten Protokolle weisen im drahtlosen, ressourcenbeschränkten Einsatzfeld bessere Eigenschaften auf. Unter ihnen sind die Unterschiede sehr gering. Bei Fällen, in denen eine synchrone Kommunikation benötigt wird, ist sicherlich 6TiSCH empfehlenswert. Sofern bei der Übertragung jedes Byte zu viel ins Gewicht fällt, so ist Thread empfehlenswert. Wird hingegen auf Interoperabilität Wert gelegt, so weisen 6LoWPAN und Zigbee IP im Vergleich die größte Verbreitung auf.

Eine eindeutige Empfehlung gelingt auf Basis der hier betrachteten Attribute nicht, sondern bedarf einer Einsatzfall-bezogenen Priorisierung der Eigenschaften. Alternativ empfiehlt sich, den Betrachtungsrahmens um zusätzliche Eigenschaftskategorien zu erweitern. Mit den herausgearbeiteten Unterschieden kann zumindest der erste Teil von Forschungsfrage IV beantwortet werden. Eine eindeutige Antwort auf den zweiten Teil nach einer Nutzungsempfehlung, kann nur vorbehaltlich einer Analyse des konkreten Einsatzfalls, verbunden mit einer Schwerpunktsetzung der Anforderungen, getroffen werden.

5. Schlussbetrachtung

Diese Arbeit hat sich mit dem Eignungspotenzial von Standard-Protokollen der Netzwerkschicht für die Maschinen-Kommunikation im Internet-der-Dinge- und Cloud-Anbindung befasst. Dabei wurden relevante Protokolle identifiziert sowie deren Eigenschaften ermittelt und verglichen. Zusätzlich wurde untersucht, ob aus den Unterschieden eine Nutzungsempfehlung abgeleitet werden kann.

Zur Beantwortung der Forschungsfragen habe ich anhand des ETSI-Kommunikationsmodells relevante Eigenschafts- und Anforderungskategorien an Protokolle in diesem Einsatzfeld ermittelt. Auf Grundlage des OSI-Schichtenmodells habe ich anschließend Protokolle der Netzwerkschicht identifiziert und deren Aufgaben zugeordnet. Für den Vergleich der Protokolle habe ich ein Schema entwickelt, welches die Kriterien Effektivität und Effizienz berücksichtigt.

Mit dem Vergleich konnte gezeigt werden, dass für die M2M-Kommunikation besonders Protokolle zu empfehlen sind, welche auf den Einsatz in verlustbehafteten drahtlosen Niedrig-Energie-Netzwerken (LLNs) spezifiziert sind. Explizit verglichen wurden dabei die Protokolle 6LowPAN, Zigbee IP, 6TiSCH und Thread. Die vier Protokolle zeigen ähnliche Eigenschaften. Die herausgearbeiteten Unterschiede eignen sich dabei, eine Auswahl aufgrund eines definierten Einsatzfalls zu treffen. Möglicherweise ist dafür der zu betrachtende Attributkatalog spezifisch zu erweitern.

Protokolle agieren häufig in sogenannten Protokollstapeln zusammen mit anderen Protokollen. Der Protokollstapel übernimmt dann schichtenübergreifende Aufgaben. In diesen Stapeln ergeben sich zwischen den beteiligten Protokollen Synergieeffekte (insbesondere in Bereichen der Interoperabilität), welche mit der vorliegenden, separaten Betrachtung nicht erfasst werden konnten. Die Berücksichtigung von Protokollstapeln hätte die Komplexität der Betrachtung jedoch über den angestrebten Umfang der Arbeit erhöht. Dieses Vorgehen wird deshalb der weitergehenden Forschung empfohlen.

Abschließend lässt sich nach dem Studium der Lektüre feststellen, dass die Protokolle der Netzwerkschicht den momentanen Anforderungen der Industrie genügen (Gubbi et al. 2013). Der Forschungs- und Entwicklungsschwerpunkt der Kommunikationsorganisation liegt momentan in den Bereichen Sicherheit und Privatsphäre sowie bei der Interoperabilität der Protokolle übergreifender Schichten (Giuliano et al. 2017; Vashi et al. 2017).

Literaturverzeichnis

Aijaz, Adnan; Aghvami, A. Hamid (2015): Cognitive Machine-to-Machine Communications for Internet-of-Things. A Protocol Stack Perspective. In: *IEEE Internet Things J.* 2 (2), S. 103–112. DOI: 10.1109/JIOT.2015.2390775.

Aijaz, Adnan; Su, Hongjia; Aghvami, Abdol-Hamid (2015): CORPL: A Routing Protocol for Cognitive Radio Enabled AMI Networks. In: *IEEE Trans. Smart Grid* 6 (1), S. 477–485. DOI: 10.1109/TSG.2014.2324022.

Al-Fuqaha, Ala; Guizani, Mohsen; Mohammadi, Mehdi; Aledhari, Mohammed; Ayyash, Moussa (2015): Internet of things. A survey on enabling technologies, protocols, and applications. In: *IEEE Communications Surveys & Tutorials* 17 (4), S. 2347–2376.

Al-Sarawi, Shadi; Anbar, Mohammed; Alieyan, Kamal; Alzubaidi, Mahmood (2017): Internet of Things (IoT) communication protocols. Review. In: Proceedings of the 8th International Conference on Information Technology (ICIT), May 17th-18th 2017. Amman, Jordan. [Piscataway, NJ]: IEEE, S. 685–690.

Andelfinger, Volker P.; Hänisch, Till (2015): Grundlagen: Das Internet der Dinge. In: Volker P. Andelfinger und Till Hänisch (Hg.): Internet der Dinge. Wiesbaden: Springer Fachmedien Wiesbaden, S. 9–75.

Atzori, Luigi; Iera, Antonio; Morabito, Giacomo (2010): The Internet of Things. A survey. In: *Computer Networks* 54 (15), S. 2787–2805. DOI: 10.1016/j.comnet.2010.05.010.

Basarovski, Ognen (2017): Flexibel beim Kommunikationsprotokoll. In: *Elektronik* 66 (21), S. 24–29.

Bernstein, David; Ludvigson, Erik; Sankar, Krishna; Diamond, Steve; Morrow, Monique (2009): Blueprint for the Intercloud - Protocols and Formats for Cloud Computing Interoperability. In: Proceedings of the 2009 Fourth International Conference on Internet and Web Applications and Services. Venice/Mestre, Italy, S. 328–336.

Bettenhausen, Kurt D.; Kowalewski, Stefan (2013): Cyber-Physical Systems. Chancen und Nutzen aus Sicht der Automation. VDI/VDE-Gesellschaft Mess-und Automatisierungstechnik. Düsseldorf (Thesen und Handlungsfelder).

BMBF (2018): Zukunftsprojekt Industrie 4.0. Online verfügbar unter https://www.bmbf.de/de/zukunftsprojekt-industrie-4-0-848.html, zuletzt geprüft am 23.01.2018.

BMWi (2018): Plattform Industrie 4.0. Hintergrund. Online verfügbar unter http://www.plattform-i40.de/I40/Navigation/DE/Plattform/Plattform-Industrie-40/plattform-industrie-40.html, zuletzt geprüft am 23.01.2018.

Buratti, Chiara; Stajkic, Andrea; Gardasevic, Gordana; Milardo, Sebastiano; Abrignani, M. Danilo; Mijovic, Stefan et al. (2016): Testing Protocols for the Internet of Things on the EuWIn Platform. In: *IEEE Internet Things J.* 3 (1), S. 124–133. DOI: 10.1109/JIOT.2015.2462030.

Cain, Brad; Deering, Steve; Kouvelas, Isidor; Fenner, Bill; Thyagarajan, Ajit (2002): Internet group management protocol, version 3 (RFC 3376).

Chen, Min (2012): Machine-to-Machine Communications. Architectures, Standards and Applications. In: *KSII TIIS. DOI:* 10.3837/tiis.2012.02.002.

Dais, Siegfried (2017): Industrie 4.0 – Anstoß, Vision, Vorgehen. In: Birgit Vogel-Heuser, Thomas Bauernhansl und Michael ten Hompel (Hg.): Handbuch Industrie 4.0 Bd. 4. Allgemeine Grundlagen. 4 Bände. [Place of publication not identified]: Springer Science and Business Media; Springer Vieweg (4), S. 261–277.

Deering, Stephen E. (1998): Internet protocol, version 6 (IPv6) specification. Hg. v. Internet Engineering Task Force. Internet Engineering Task Force (RFC 2460).

Divya Darshini, B.; Paventhan, A.; Krishna, Hari; Pahuja, Neena (2016): Enabling real time requirements in industrial IoT through IETF 6TiSCH. In: Proceedings of the 2016 International Conference on Internet of Things and Applications (IOTA). Jan, 22nd-24th, 2016 at Maharashtra Institute of Technology. Pune, India. [Piscataway, NJ]: IEEE, S. 121–124.

Drath, Rainer; Koziolek, Heiko (2015): Industrie 4.0. In: *atp edition* 57 (01-02), S. 28–35.

ETSI (2013): Machine-to-Machine communications (M2M); Functional architecture. V2.1.1. ETSI. Valbonne, Frankreich (TS 102 690). Online verfügbar unter http://www.etsi.org, zuletzt geprüft am 03.01.2018.

Geisberger, Eva; Broy, Manfred (2012): agendaCPS. Berlin, Heidelberg: Springer Berlin Heidelberg (1).

Giuliano, Romeo; Mazzenga, Franco; Neri, Alessandro; Vegni, Anna Maria (2017): Security Access Protocols in IoT Capillary Networks. In: *IEEE Internet Things J.* 4 (3), S. 645–657. DOI: 10.1109/JIOT.2016.2624824.

Granjal, Jorge; Monteiro, Edmundo; Sa Silva, Jorge (2015): Security for the Internet of Things. A Survey of Existing Protocols and Open Research Issues. In: *IEEE Communications Surveys & Tutorials* 17 (3), S. 1294–1312. DOI: 10.1109/COMST.2015.2388550.

Gubbi, Jayavardhana; Buyya, Rajkumar; Marusic, Slaven; Palaniswami, Marimuthu (2013): Internet of Things (IoT): A Vision, Architectural Elements, and Future Directions. In: *Future generation computer systems* 29 (7), S. 1645–1660.

Hinden, Robert (2017): Internet protocol, version 6 (IPv6) specification. Internet Engineering Task Force (RFC 8200).

Hsueh, Sue-Chen; Li, Jian-Ting (2017): Secure Transmission Protocol for the IoT. In: ACM (Hg.): Proceedings of the 3rd International Conference on Industrial and Business Engineering. New York, NY, USA: ACM (ICIBE 2017), S. 73–76.

Huber, Walter (Hg.) (2016): Industrie 4.0 in der Automobilproduktion. Wiesbaden: Springer Fachmedien Wiesbaden.

IANA (2018): Protocol Registries. IANA. Online verfügbar unter https://www.iana.org/protocols, zuletzt geprüft am 04.01.2018.

Keoh, Sye Loong; Kumar, Sandeep S.; Tschofenig, Hannes (2014): Securing the Internet of Things. A Standardization Perspective. In: *IEEE Internet Things J.* 1 (3), S. 265–275. DOI: 10.1109/JIOT.2014.2323395.

Krüger, Sascha; Seelmann-Eggebert, Jörg (2003): IT-Architektur-Engineering. Systemkomplexität bewältigen, Kosten senken, Potenziale freisetzen: Galileo Press GmbH.

Kubach, Uwe (2017): Device Clouds: Cloud-Plattformen schlagen die Brücke zwischen Industrie 4.0 und dem Internet der Dinge. In: Birgit Vogel-Heuser, Thomas Bauernhansl und Michael ten Hompel (Hg.): Handbuch Industrie 4.0 Bd. 3. Logistik. 2. Aufl. 4 Bände. Berlin, Heidelberg: Springer (3), S. 181–200.

Kumari, Jyoti; Prachi, Ahlawat (2015): A comprehensive survey of routing protocols in wireless sensor networks. In: Proceedings of the 2nd International Conference on Computing for Sustainable Global Development (INDIACom), 2015. IEEE, S. 325–330.

Langmann, Reinhard; Stiller, Michael (2017): Industrial Cloud – Status und Ausblick. In: Stefan Reinheimer (Hg.): Industrie 4.0. Herausforderungen, Konzepte und Praxisbeispiele. Wiesbaden: Springer Vieweg (Edition HMD), S. 29–47.

Lee, Jay; Bagheri, Behrad; Kao, Hung-An (2015): A Cyber-Physical Systems architecture for Industry 4.0-based manufacturing systems. In: *Manufacturing Letters* 3, S. 18–23. DOI: 10.1016/j.mfglet.2014.12.001.

Mainetti, Luca; Mighali, Vincenzo; Patrono, Luigi (2015): A Software Architecture Enabling the Web of Things. In: *IEEE Internet Things J.* 2 (6), S. 445–454. DOI: 10.1109/JIOT.2015.2477467.

Mazak, Alexandra; Wimmer, Manuel; Huemer, Christian; Kappel, Gerti; Kastner, Wolfgang (2017): Rahmenwerk zur modellbasierten horizontalen und vertikalen Integration von Standards für Industrie 4.0. In: Birgit Vogel-Heuser, Thomas Bauernhansl und Michael ten Hompel (Hg.): Handbuch Industrie 4.0 Bd. 2. Automatisierung. 2. Aufl. 4 Bände. Berlin, Heidelberg: Springer (2), S. 433–454.

Monostori, László (2014): Cyber-physical Production Systems. Roots, Expectations and R&D Challenges. In: *Procedia CIRP* 17, S. 9–13. DOI: 10.1016/j.procir.2014.03.115.

Pereira, P. P.; Eliasson, J.; Kyusakov, R.; Delsing, J.; Raayatinezhad, A.; Johansson, M. (2013): Enabling Cloud Connectivity for Mobile Internet of Things Applications. In: Proceedings of the IEEE 7th International Symposium on Service Oriented System Engineering (SOSE), 2013. Redwood City, 25 - 28 March 2013. IEEE. Piscataway, NJ, Piscataway, NJ, S. 518–526.

Plenk, Valentin (2017): Angewandte Netzwerktechnik kompakt. Dateiformate, Übertragungsprotokolle und ihre Nutzung in Java-Applikationen: Springer-Verlag.

Postel, Jon (1981): Internet Protocol. Internet Engineering Task Force (RFC 791).

Rahman, Abdul Fuad Abdul; Daud, Maslina; Mohamad, Madihah Zulfa (2016): Securing Sensor to Cloud Ecosystem using Internet of Things (IoT) Security Framework. In: Djallel Eddine Boubiche, Faouzi Hidoussi, Lyamine Guezouli, Ahcène Bounceur und Homero Toral Cruz (Hg.): Proceedings of the International Conference on Internet of Things and Cloud Computing. Cambridge, United Kingdom: ACM, S. 1–5.

Rajandekar, Ajinkya; Sikdar, Biplab (2015): A Survey of MAC Layer Issues and Protocols for Machine-to-Machine Communications. In: *IEEE Internet Things J.* 2 (2), S. 175–186. DOI: 10.1109/JIOT.2015.2394438.

Rajkumar, Ragunathan; Lee, Insup; Sha, Lui; Stankovic, John (2010): Cyber-physical systems: the next computing revolution. In: Sachin S. Sapatnekar (Hg.): Proceedings of the 47th Design

Automation Conference. Anaheim, California, June 13-18, 2010. Anaheim, California. New York, N.Y.: Association for Computing Machinery, S. 731.

Ray, Biplob R.; Chowdhury, Morshed U.; Abawajy, Jemal H. (2016): Secure Object Tracking Protocol for the Internet of Things. In: *IEEE Internet Things J.* 3 (4), S. 544–553. DOI: 10.1109/JIOT.2016.2572729.

Reinheimer, Stefan (Hg.) (2017): Industrie 4.0. Herausforderungen, Konzepte und Praxisbeispiele. Wiesbaden: Springer Vieweg (Edition HMD). Online verfügbar unter http://dx.doi.org/10.1007/978-3-658-18165-9.

Salman, Tara (2015): Networking Protocols and Standards for Internet of Things. Paper. Washington University, St. Louis, USA. Computer Science and Engineering.

Santillán Martínez, Gerardo; Delamer, Ivan M.; Lastra, José L. Martínez (2017): A packet scheduler for real-time 6LoWPAN wireless networks in manufacturing systems. In: *Journal of Intelligent Manufacturing* 28 (2), S. 301–311. DOI: 10.1007/s10845-014-0977-5.

Scheer, August-Wilhelm (2013): Industrie 4.0: Wie sehen Produktionsprozesse im Jahr 2020 aus. In: *IMC AG*.

Schumacher, Christian Peter Pii; Kushalnagar, Nandakishore; Montenegro, Gabriel (2007): IPv6 over Low-Power Wireless Personal Area Networks (6LoWPANs). Overview, Assumptions, Problem Statement, and Goals.

Sendler, Ulrich; Anderl, Reiner (Hg.) (2016): Industrie 4.0 grenzenlos. Berlin, Heidelberg: Springer Vieweg (Xpert.press).

Sha, Mo; Gunatilaka, Dolvara; Wu, Chengjie; Lu, Chenyang (2017): Empirical Study and Enhancements of Industrial Wireless Sensor–Actuator Network Protocols. In: *IEEE Internet Things J.* 4 (3), S. 696–704. DOI: 10.1109/JIOT.2017.2653362.

Shahid, Noman; Aneja, Sandhya (2017): Internet of Things. Vision, application areas and research challenges. In: Proceedings of the International Conference on IoT in Social, Mobile, Analytics and Cloud (I-SMAC 2017). Palladam, Tamilnadu, India, 10/2/2017 - 11/2/2017. IEEE. [Piscataway, NJ], S. 583–587.

Stark, Rainer; Damerau, Thomas; Lindow, Kai (2016): Industrie 4.0 – Digitale Neugestaltung der Produktentstehung und Produktion am Standort Berlin. In: Ulrich Sendler und Reiner Anderl (Hg.): Industrie 4.0 grenzenlos. Berlin, Heidelberg: Springer Vieweg (Xpert.press), S. 169–184.

Thread Group (2015): Thread Stack Fundamentals. Technical Whitepaper. Thread Group. Online verfügbar unter https://www.silabs.com/documents/public/white-papers/Thread-Stack-Fundamentals.pdf, zuletzt geprüft am 18.01.2018.

Thubert, Pascal (2014): Low power wireless protocols boost industrial networking. In: *Industrial Ethernet Book* 16 (83). Online verfügbar unter http://www.iebmedia.com/, zuletzt geprüft am 18.01.2018.

Tietz, Christian; Pelchen, Chris; Meinel, Christoph; Schnjakin, Maxim (2017): Management Digitaler Identitäten : aktueller Status und zukünftige Trends. Universität Potsdam. Hasso-Plattner-Institut für Softwaresystemtechnik. Online verfügbar unter http://nbn-resolving.de/urn:nbn:de:kobv:517-opus4-103164, zuletzt geprüft am 02.01.2018.

Truong, Hong-Linh; Dustdar, Schahram (2015): Principles for Engineering IoT Cloud Systems. In: *IEEE Cloud Comput.* 2 (2), S. 68–76. DOI: 10.1109/MCC.2015.23.

Tuna, Gurkan; Kogias, Dimitrios G.; Gungor, V. Cagri; Gezer, Cengiz; Taşkın, Erhan; Ayday, Erman (2017): A survey on information security threats and solutions for machine to machine (M2M) communications. In: *Journal of Parallel and Distributed Computing* 109, S. 142–154.

Vashi, Shivangi; Ram, Jyotsnamayee; Modi, Janit; Verma, Saurav; Prakash, Chetana (2017): Internet of Things (IoT). A vision, architectural elements, and security issues. In: Proceedings of the International Conference on IoT in Social, Mobile, Analytics and Cloud (I-SMAC 2017). Palladam, Tamilnadu, India, 10/2/2017 - 11/2/2017. IEEE. [Piscataway, NJ], S. 492–496.

Vasseur, JP; Agarwal, Navneet; Hui, Jonathan; Shelby, Zach; Bertrand, Paul; Chauvenet, Cedric (2011): RPL. The IP routing protocol designed for low power and lossy networks. In: *Internet Protocol for Smart Objects (IPSO) Alliance* 36.

Vilajosana, Xavier; Pister, Kris; Watteyne, Thomas (2017): Minimal IPv6 over the TSCH Mode of IEEE 802.15.4e (6TiSCH) Configuration. Hg. v. Xavier Vilajosana (RFC 8180). Online verfügbar unter https://www.rfc-editor.org/rfc/pdfrfc/rfc8180.txt.pdf.

Wang, Qin; Vilajosana, Xavier; Watteyne, Thomas (2017): 6top Protocol (6P). draft-ietf-6tisch-6top-protocol-09. work in progress. Internet Engineering Task Force (Internet-Drafts).

Wang, Xiaonan (2015): Multicast for 6LoWPAN Wireless Sensor Networks. In: *IEEE Sensors J.* 15 (5), S. 3076–3083. DOI: 10.1109/JSEN.2014.2387837.

Zhao, Ming; Ho, Ivan Wang-Hei; Chong, Peter Han Joo (2016): An Energy-Efficient Region-Based RPL Routing Protocol for Low-Power and Lossy Networks. In: *IEEE Internet Things J.* 3 (6), S. 1319–1333. DOI: 10.1109/JIOT.2016.2593438.

Zimmermann, Hubert (1980): OSI reference model-The ISO model of architecture for open systems interconnection. In: *IEEE Transactions on communications* 28 (4), S. 425–432.

BEI GRIN MACHT SICH IHR
WISSEN BEZAHLT

- Wir veröffentlichen Ihre Hausarbeit,
  Bachelor- und Masterarbeit

- Ihr eigenes eBook und Buch -
  weltweit in allen wichtigen Shops

- Verdienen Sie an jedem Verkauf

Jetzt bei www.GRIN.com hochladen
und kostenlos publizieren

www.ingramcontent.com/pod-product-compliance
Lightning Source LLC
La Vergne TN
LVHW042307060326
832902LV00009B/1332